Christine Matheis

Garten – kompostieren

Rudolf Müller Fachtips

M Verlagsgesellschaft
Rudolf Müller GmbH Köln

Alle Abbildungen in diesem Buch dürfen nur mit Genehmigung des Verlages gewerblich genutzt oder verwertet werden.

CIP-Kurztitelaufnahme der Deutschen Bibliothek

Matheis, Christine
Garten – kompostieren Christine Matheis
Fotos: Lutz Matheis · Orig.-Ausg.
Köln: Müller, 1986.
(Rudolf Müller Fachtips)

ISBN 3-481-29611-8

ISBN 3-481-29611-8

© 1986 Verlagsgesellschaft Rudolf Müller GmbH
Alle Rechte vorbehalten
Umschlagkonzeption: Stefan Hermes
Umschlagfoto: Lutz Matheis
Fotos: Lutz Matheis
Zeichnungen: Viviane Pelz
Satz: Satzstudio Widdig, Köln
Druck: Druck- + Verlagshaus Wienand, Köln
Printed in Germany

90 89 88 87 86   5 4 3 2 1

Inhalt

5	**Einleitung**
5	Humus
6	Das Bodenleben
6	Der Regenwurm
8	Der Boden
8	Bodenschichten
10	**Geräte**
12	Komposthäcksler
13	Kompostbehälter
14	**Der Kompostplatz**
14	Planung
18	**Aufbau eines Komposthaufens**
18	Gartenkompost
22	Luftdränagen
23	Impfen
26	Laubkompost
28	Mistkompost
28	Rasenkompost
28	Das Kohlenstoff-Stickstoff-Verhältnis

30 Ablauf der Kompostierung

- **31** Reifkompost
- **31** Sauerstoff
- **32** Temperatur
- **32** Feuchtigkeit

34 Nährstoffe

- **34** Kohlenstoff (C)
- **34** Stickstoff (N)
- **35** Kalzium (Ca) (Kalk)
- **36** Kalium (K)
- **37** Phosphor (P)
- **37** Spurenelemente

38 Zugaben zum Kompost

- **38** Gesteinsmehle
- **39** Tonmehle
- **41** Kräuterjauchen

43 Verwendung des Kompostes

- **45** Flächenkompostierung

46 Fruchtwechsel und Gründüngung

- **46** Fruchtwechsel
- **47** Gründüngung

51 Von der Planung bis zum Ausbringen

- **51** Eine kurze Zusammenfassung

54 Hügelbeet

- **59** Vor- und Nachteile des Hügelbeetes

Einleitung

Das Wort Kompost stammt aus dem Lateinischen und bedeutet »das Zusammengesetzte«. Bei der Kompostierung entsteht durch Rückgewinnung von tierischen und pflanzlichen Substanzen Humus, das Endprodukt eines komplizierten Naturvorganges.

Humus

Humus ist wichtig für die Erhaltung der Bodenfruchtbarkeit und gewinnt immer mehr an Bedeutung. Durch Humus wird der Boden aufnahmefähiger und bekommt einen ausgeglichenen Nährstoff-, Luft- und Wasserhaushalt. Humus macht leichte Böden bindiger und lockert schwere Böden. Er fördert Wachstum und Gesundheit der Pflanzen. Ein reifer Humus bietet ein Maximum an Düngewert. Humus ist das wirksamste Mittel, schwere Schäden, die durch Anwendung von Giften entstanden sind, auszugleichen.

In der freien Natur baut sich der Humus nur langsam auf. Der Mensch, der notwendigerweise in die Naturprozesse eingreift, muß auf seinem Garten- und Ackerland für einen schnelleren Humusaufbau sorgen. Durch gute Kompostierung kann in einigen Monaten das erreicht werden, was sich in der Natur in mehreren Jahren vollzieht.

Die oberste Schicht des Bodens – etwa 10 bis 30 cm – besteht aus humushaltiger Erde. Diese dünne Erdschicht ist wichtig für die Ernährung von Mensch und Tier. Sie muß erhalten und gepflegt werden. Wer bereit ist, seinen Garten biologisch-ökologisch zu bearbeiten, wird erfahren, daß durch eine stetige Versorgung mit Humus der Boden optimal gepflegt und belebt werden kann.

Das Bodenleben

Am Abbau organischer Stoffe und am Aufbau neuer Humusverbindungen sind Bodenlebewesen in unvorstellbarer Zahl beteiligt. Zu den pflanzlichen Organismen zählen: Bakterien, Strahlenpilze, Pilze und Algen. Zu den tierischen Bodenbewohnern gehören: Springschwänze *(Collembolen)* Milben, Rädertiere, Borstenwürmer, Tausendfüßler, Fadenwürmer *(Nematoden),* Spinnen, Asseln, Käfer, Insekten, Regenwürmer und viele andere Lebewesen (s. auch S. 21).

Ab- und Aufbau der organischen Stoffe

Als Nahrung dienen dem Bodenleben organische Stoffe. Die Zerkleinerung und Durchmischung dieser Stoffe besorgen die Bodentiere. Die pflanzlichen Organismen bewirken die chemische Zerlegung in Kohlenstoff, Eiweiß, Zucker und weiter in organische und mineralische Bestandteile. An diesen komplizierten Vorgängen des Ab- und Aufbaues arbeiten Mikroorganismen zum Teil nacheinander, wobei die eine Gruppe die Voraussetzung für die andere schafft, d. h.: die nachfolgenden Organismen ernähren sich von Stoffwechselprodukten und Körpern ihrer Vorgänger. Durch diese Verdauungs- und Umsetzungsvorgänge werden Nährstoffe in eine pflanzenverfügbare Form gebracht.

Krankheitskeime

Bodenpilze und Bakterien lassen Krankheitskeime während des Rotteprozesses unwirksam werden. Sie können antibiotische Stoffwechselprodukte erzeugen, wie z. B. der Schimmelpilz »Penicillium« das Penicillin.

Stickstoffgewinnung

Mikroorganismen sind zur Umsetzung von organisch gebundenem Stickstoff und zur Gewinnung von Luftstickstoff befähigt. Dieser steht den Pflanzen später als stetig fließende Stickstoffquelle zur Verfügung.

Der Regenwurm

Zu den bekannten Regenwurmarten gehören der Mistwurm *(Eisenia foetida)* und der große Regenwurm *(Lumbricus terrestris).* Die mehrere Meter tief reichenden Stollensysteme des großen Regenwurmes sind wertvolle Belüftungs- und Dränageanlagen. Der rote Mistwurm bevorzugt unverrottetes organisches Material, welches er durch seine grabende und verdauende Tätigkeit zu Ton-Humus-Verbindungen vermischt. Diese enthalten eine Anreicherung an Mineralien, die siebenmal soviel Stickstoff, elfmal soviel Kalium, sechsmal soviel Magnesium und doppelt soviel Kalzium aufweisen wie andere fruchtbare Humusböden.

Kleintiere, wie sie im Komposthaufen vorkommen

Mücke

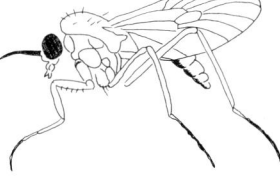

insektenartige Springschwänze

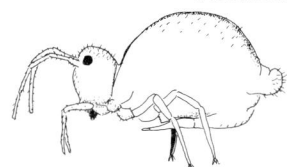

wurmartige Springschwänze

1 mm

Der Boden
Entstehung

Urgesteine und Sedimente aller Arten sind das Ausgangsmaterial für die Bodenbildung. Durch Natureinwirkungen (Temperatur, Luft, Wasser, Licht) entstehen feine Gesteinsteilchen, die durch Verwitterungsvorgänge umgewandelt und teilweise zu neuen Stoffen aufgebaut werden. Mit der Ansiedlung von anspruchslosen Pflanzen (Algen, Flechten) und Tieren kommt es zu weiteren Bodenveränderungen. Die Bodenarten, die durch diese physikalischen, chemischen und biologischen Abläufe entstehen, sind sehr verschieden. Es gibt Sand-, Lehm-, Ton- und Moorböden mit ihren verschiedenen Abstufungen.

Sandböden

Sandböden sind sehr durchlässig und haben ein geringes Wasserspeicherungsvermögen. Sie erwärmen sich leicht, kühlen aber auch schnell aus. Nährstoffe wie Stickstoff, Kalzium oder Kalium werden rasch ausgewaschen.

Tonböden

Tonböden sind schwere und kalte Böden. Sie haben eine hohe Wasserhaltekraft, jedoch eine schlechte Wasserwegigkeit. Sie sind dicht und porenarm; ihr Bodenleben ist gering. Der Nährstoffgehalt von Tonböden ist relativ hoch. Tonböden lassen sich schwer bearbeiten.

Lehmböden

Lehmböden sind im allgemeinen fruchtbare Böden mit einem guten Nährstoffspeicher und einer ausreichenden Wasserwegigkeit.

Moorböden

Moorböden sind bei der Verlandung stehender oder langsam fließender Gewässer entstanden, hervorgerufen durch abgestorbene Pflanzen, die infolge Sauerstoffmangels abgebaut und zu Torf umgewandelt wurden. Sie sind sauer, nährstoffarm und haben ein großes Wasserspeicherungsvermögen.

Bodenschichten

Die unterste Schicht des Bodens besteht aus dem unverwitterten Ur- oder Muttergestein. Die darüberliegende Mineralschicht enthält viele Pflanzennährstoffe und ist das Wasserreservoir für die Pflanzen. In der Humusschicht werden pflanzliche und tierische Rückstände vom Bodenleben zersetzt, abgebaut und unter komplizierten biochemischen Abläufen umgestaltet und wieder aufgebaut. Dauerhumus entsteht durch die Verbindung von Tonmineralien mit organischen Stoffen, z. B. Huminsäure. Er ist die Nährstoffreserve des Bodens.

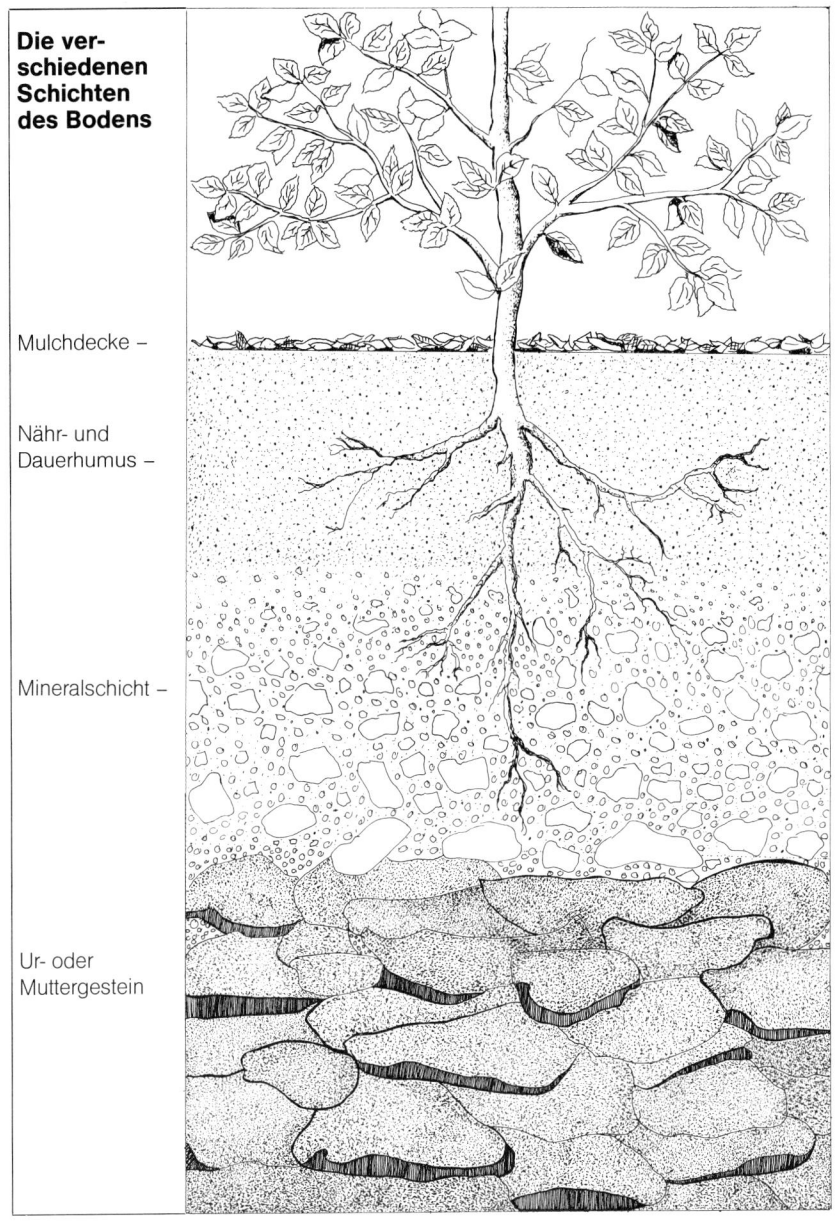

Geräte

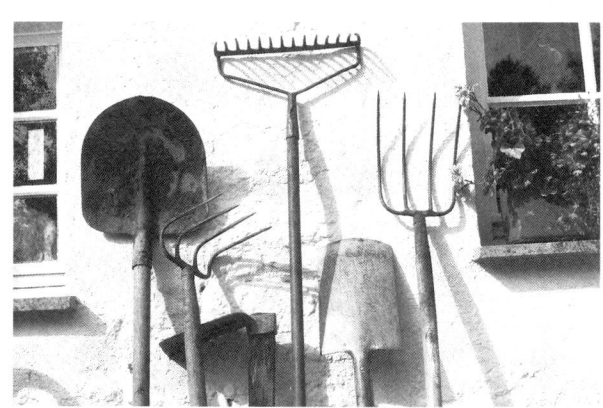

Zur Kompostbereitung werden folgende Geräte benötigt: Schaufel, Krail (Vierzahn), Hacke, Rechen, Spaten und Gabel.

Schubkarre, Körbe, Gießkanne und Abdeckmaterial erleichtern die Arbeit beim Kompostieren.

Grobe Abfälle können mit Beil, Axt und Gartenschere zerkleinert werden.

Zur Erdbereitung und zum Sieben von Komposterde ist ein Durchwurfsieb erforderlich.

Zum Sammeln der täglichen Küchenabfälle können Eimer, alte Kessel oder kleine Aschentonnen benutzt werden. In den Sommermonaten muß der Abfall gegen Fliegen und Austrocknung geschützt werden.

Komposthäcksler

Der Komposthäcksler ist bei der Bestellung eines größeren Gartens eine Arbeitserleichterung. Astwerk, Strünke, Heckenschnitt und anderes grobes Material werden auf etwa 3 bis 5 cm Länge geschnitten bzw. zerschlagen. Das zerkleinerte Häckselgut verrottet schneller, so daß auch der Raumbedarf für die Kompostanlage entsprechend kleiner geplant werden kann.

Komposthäcksler sind mit Benzin- oder Elektromotor ausgestattet. Die Lärmentwicklung dieser Geräte muß unbedingt mit berücksichtigt werden. Größere Geräte zerkleinern bis zu 5 cm dicke Äste. Kleinere Geräte sind nicht so leistungsfähig und können reparaturanfälliger sein. Elektrisch angetriebene Häcksler benötigen 380 V Drehstrom.

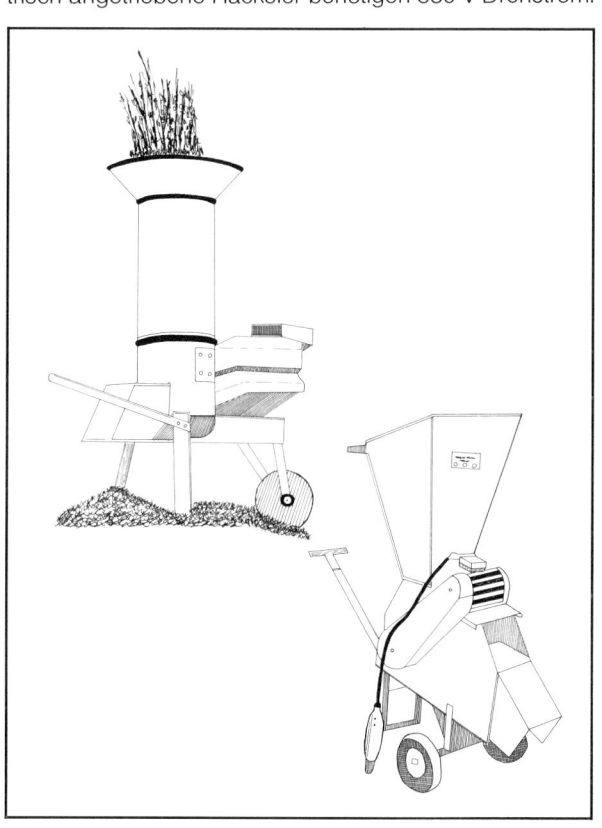

Komposthäcksler arbeiten mit verschiedenen Messersystemen und Auswurfkanälen. Kleinere Geräte verstopfen schnell, wenn man zu viel Material auf einmal in den Trichter steckt.

Die Leistungsfähigkeit der Geräte ist sehr unterschiedlich. Beim Kauf eines Häckslers muß auf Motorleistung, Schnittstärke und Stabilität des Gerätes geachtet werden.

Kompost-behälter

Für kleinere Gärten eignen sich Kompostbehälter, Komposttonnen und Thermo-Komposter. Die Aufbereitung des Kompostmaterials und die Füllung der Behälter erfolgen wie beim Aufbau eines Komposthaufens.

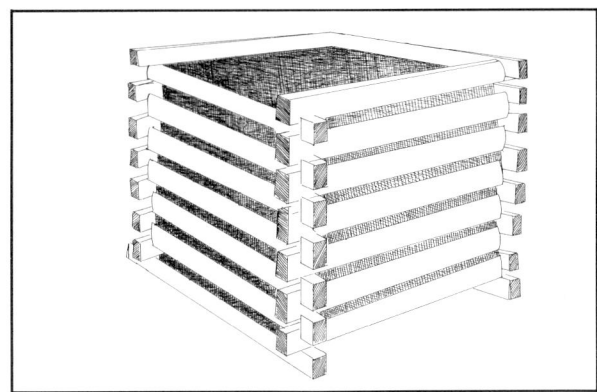

In einer Komposttonne bleibt die erzeugte Wärme länger erhalten als in einem Kompostbehälter. Dadurch wird der Rotteprozeß beschleunigt.

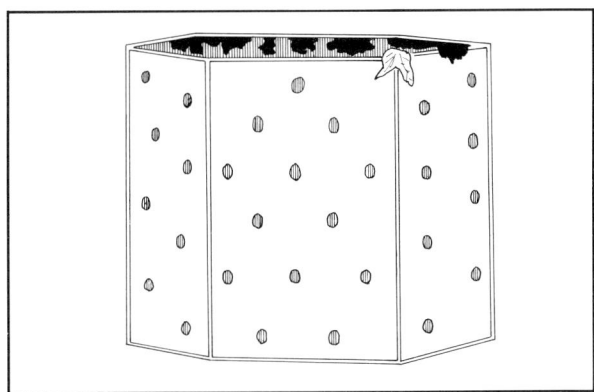

Thermo-Komposter sind doppelwandig gebaut. Für kleinere Abfallmengen sind sie gut geeignet. Die Entnahme erfolgt über eine Klappe im unteren Teil des Behälters.

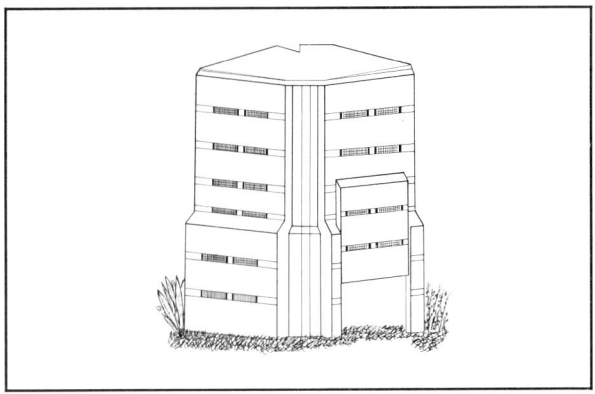

Der Kompostplatz

Planung

Kompostplätze und Mieten sollten immer an der gleichen Stelle bleiben, damit Flora und Fauna des Bodens einen guten Start haben. Vor dem Aufsetzen des ersten Komposthaufens muß das Erdreich gelockert werden. Beton- oder Steinplatten als Unterlage behindern die Rotte.

Der Weg zum Kompostplatz kann mit Platten, Steinen, Kies oder Lavaschlacke befestigt werden, damit die Anlage auch in der nassen Jahreszeit gut zu erreichen ist. Zufahrtswege für Erde, Mist, Gesteinsmehle oder anderes Material müssen berücksichtigt werden.

Wasserstelle

Eine Wasserstelle in der Nähe des Kompostplatzes erleichtert das Feuchthalten der Komposthaufen und das Zubereiten von Pflanzenjauchen.

Wind-, Sonnen- und Sichtschutz

Kompostplätze sollen windgeschützt und beschattet liegen. Hecken und Sträucher sind ein guter Wind- und Sichtschutz und verhindern in der warmen Jahreszeit ein zu schnelles Austrocknen der Mieten. Hinter Hecken und Sträuchern ist außerdem die Boden- und Lufttemperatur immer erhöht. Mischhecken aus heimischen Gehölzen wie Schlehe, Felsenbirne, Weiß- und Kreuzdorn, schwarzer und roter Holunder, Faulbaum, Hasel und Pfaffenhütchen sind eine Bereicherung für jeden Garten. Bienen und andere Nutzinsekten sowie Vögel werden dann nicht im Garten fehlen und mit für ein biologisches Gleichgewicht sorgen.

Gesetzliche Vorschriften

Eine Kompostanlage muß immer mit Rücksicht auf den Nachbarn geplant werden. Gesetzliche Vorschriften, wie z.B. Abstand der Hecken und Sträucher von der Grundstücksgrenze, müssen beachtet werden.

Wird der Kompostplatz auf einer Wiese angelegt, müssen die Grassoden vorher entfernt werden. Sie werden später mit verkompostiert.

Bei einer leichten Erhöhung des Bodens wird keine stauende Nässe unter dem Komposthaufen entstehen. Regenwasser kann seitlich abfließen. Ein Komposthaufen verträgt keinen nassen Fuß!

Hecken brechen die Kraft des Windes am besten, weil sie nur zu ⅔ geschlossen sind; es entstehen keine störenden Luftwirbel. Erst nach einer Entfernung, die dem 10- bis 15fachen der Heckenhöhe entspricht, hat der Wind wieder seine volle Kraft.

Ein gut angelegter Kompostplatz

Aufbau eines Komposthaufens

Garten-
kompost

Alle organischen Garten- und Küchenabfälle wie Gemüse, Obst, Unkraut, gemähtes Gras, Blumenreste, kleingeschnittene Äste und Zweige, Laub, Kartoffel- und Eierschalen, Kaffeesatz, Tee und vieles mehr, können kompostiert werden. Vor dem Aufsetzen des Komposthaufens werden Abfälle, die zu naß sind, ausgebreitet, damit sie etwas antrocknen. Zu trockenes Material wird angefeuchtet und zu grobes zerkleinert.

Maße

Im Garten kann die Mietenbreite 1,20 m bis 1,50 m betragen, die Höhe 1 Meter. Die Länge kann beliebig begrenzt werden. Sie sollte jedoch nicht zu knapp bemessen werden, damit sich ein gutes Gleichgewicht des Bodenlebens einstellen kann.

Das gesammelte Kompostmaterial wird gründlich gemischt.

Je nach Bedarf werden Gesteinsmehle, Korall-Algenkalk (Algomin) und Horn- und Knochenmehl (Oscorna) zugemischt oder lagenweise dünn eingestreut.

Die erste Lage (ca. 20 cm) sollte aus gröberem Material – kleinen Ästen, Pflanzenstengeln, Heckenschnitt – bestehen und locker aufgeschichtet werden. Sie hat dann die Wirkung einer Dränage.

Dann folgt eine dünne Schicht, die aus Mist, Mistkompost, Erde oder Rohkompost bestehen kann.

Bild auf S. 21:
Der bis zu 10 cm lange rötliche Mistwurm (Eisenia foelida) ist der beste Helfer im Komposthaufen.

Die nächste Lage – 10 bis 20 cm – besteht aus gemischten Abfällen.

Danach wird wieder eine Schicht aus Kompost, Erde oder tierischen Abfällen aufgesetzt. Dies geschieht im Wechsel, so lange, bis der Komposthaufen die gewünschte Höhe hat. In regenreichen Gebieten kann die Miete spitzer aufgebaut werden als in regenarmen.

Zum Schluß bekommt der Hügel eine Abdeckung aus Erde, Torf, Stroh, Laub oder Schilfmatten, damit er gegen Kälte und Austrocknung geschützt ist. Der Mantel darf nicht zu fest sein; Luft und Feuchtigkeit müssen entweichen und zirkulieren können.

Rottevorgänge, die aerob (unter Luftzutritt) verlaufen, werden von bestimmten Mikroorganismen – Aerobiern – gesteuert. Wo Luftsauerstoff fehlt, entstehen anaerobe Vorgänge; diese Fäulnisprozesse werden von Anaerobiern bewirkt.

Luftdränagen

Luftdränagen verbessern die Sauerstoffzufuhr im Kompost erheblich. Vertikal oder schräg verlaufende Belüftungsrohre (Dränagerohre) können vor allem in größere Komposthaufen eingebaut werden. In den heißen Sommermonaten müssen sie evtl. verschlossen werden, damit der Komposthaufen nicht austrocknet. In kleineren Komposthaufen können mit einem spitzen Stock Löcher zur Belüftung gebohrt werden.

Lüftungskamine aus Stroh oder Reisig...

...oder Säulen aus engmaschigem Draht sind haltbarer. Sie werden beim Aufbau des Komposthaufens im Abstand von 1 m bis 1,5 m eingesetzt.

Impfen
Kompoststarter

Um den Rotteprozeß im Komposthaufen zu beschleunigen, wird er mit sogenannten Kompoststartern geimpft. Diese Impfmittel sind verschieden zusammengesetzt und können unter anderem Mikroorganismen, Mineralien, Gärfermente, Spurenelemente, Stickstoff und Stickstoffbinder, Bakterien, Kräuter und Kräuterauszüge enthalten. Die Präparate sind flüssig oder fest und werden nach Angaben des Herstellers entweder mit dem Kompostmaterial vermischt oder über den Komposthaufen gestreut bzw. gegossen. Mit reifem Kompost, der dem Komposthaufen zugesetzt wird (mindestens 10%) kann man ähnliche Ergebnisse erzielen.

Biologisch-dynamische Präparate

In der biologisch-dynamischen Garten- und Landwirtschaft werden Kräuter und Pflanzenpräparate (Schafgarbe, Kamille, Brennessel, Löwenzahn, Baldrian und Eichenrinde) zum Impfen des Komposthaufens verwendet. Diese Heilpflanzen, die in der Volksmedizin schon lange bekannt sind, enthalten Energien, die eine Sensibilisierung für dynamische Kräfte bewirken.

Mit den biologisch-dynamischen Präparaten wird eine gezielte Fermentation und eine besonders gute Humusbildung erreicht. Bei langjährigen Versuchen mit den Präparaten wurde festgestellt, daß die präparierten Komposthaufen eine deutliche Zunahme des Bodenlebens zeigten.
Die Präparate sind zu beziehen durch: Arbeitsgemeinschaft für biol.-dynamische Wirtschaftsweise, Baumschulenweg 11, D-6100 Darmstadt.

Die Kompostmieten werden entweder während des Aufbaues oder nach Fertigstellung geimpft. Mit einem spitzen Stock werden im Abstand von 1 m bis 1,5 m etwa 30 cm bis 50 cm tiefe Löcher seitlich in den Komposthaufen gebohrt...

…und die Präparate eingebracht. Anschließend werden die Löcher verschlossen. Ein Sortiment Präparate reicht für eine Düngermenge bis zu 3 cbm.

Baldrian-Extrakt wird in 5 l lauwarmem Wasser gründlich verrührt und mit der Gießkanne über den ganzen Komposthaufen verteilt.

Der fertige Komposthaufen kann in den Sommermonaten noch zusätzlich mit einer Schilfrohrmatte abgedeckt werden.

Bild auf Seite 25: Zucchinipflanzen

Laubkompost

Laubkompost braucht einen besonders schattigen Platz. Er muß luftig aufgesetzt werden und kann dadurch schneller austrocknen.

Die erste gemischte Laubschicht wird aufgesetzt…

… und mit einer dünnen Schicht Korall-Algenkalk (Algomin) und Gesteinsmehl überpudert.

Die nächste Lage kann aus Mist, Mistkompost, klein geschnittenen Brennesseln oder Oscorna (Horn- und Knochenmehl) bestehen.

Zur Belüftung des Komposthaufens folgt nun eine Lage Reisig oder anderes grobes Material.

Danach wird in der Reihenfolge: Blätter, Kalk, Gesteinsmehl, Mist-Oscorna-Brennesseln und wieder Reisig weiter aufgesetzt, bis der Komposthaufen die Höhe von 1 m bis 1,5 m erreicht hat. Breite 1,5 m, Länge beliebig.

Der Komposthaufen wird geimpft, sorgfältig abgedeckt und evtl. im Frühjahr umgesetzt. Mehrmaliges Übergießen mit Brennesseljauche fördert eine rasche Verrottung und erspart das Umsetzen.

Mistkompost Strohiger Mist von Rind, Schwein, Schaf oder Pferd muß sorgfältig aufgesetzt werden. Zwischen jede Lage, die ungefähr 15 cm dick sein kann, wird Erde, Kompost oder Torf eingestreut. Gesteinsmehle, dünn eingepudert, verbessern und verkürzen den Rottevorgang. Bei Bedarf kann beim Umsetzen Korall-Algenkalk (Algomin) – je nach Jahreszeit nach drei bis vier Monaten – zugesetzt werden. Pferde- und Schafmist haben in der Anfangsphase eine große Hitzeentwicklung. Damit keine großen Stickstoffverluste entstehen, sollte die Temperatur im Komposthaufen unter 55 °C liegen. Unter guten Voraussetzungen (Temperatur, Feuchtigkeit, Durchlüftung) wird fast der gesamte vorhandene Ammonium-Stickstoff von den Mikroorganismen in organisch gebundene Formen umgesetzt.

Rasenkompost Besondere Aufmerksamkeit verlangt das Kompostieren von Rasenschnitt. Das frischgeschnittene Gras darf nicht direkt (höchstens in ganz kleinen Mengen) in den Komposthaufen. Frisches Gras enthält viel Wasser und würde faulen. Rasenschnitt darf nicht dicht aufeinander liegen. Das Gras von größeren Rasenflächen kann einige Tage an Ort und Stelle liegen bleiben. Dort soll es trocknen und anrotten. Danach wird es entweder mit Korall-Algenkalk, Horn- und Knochenmehl und Gesteinsmehl vermischt, oder diese Substanzen werden lagenweise beim Kompostieren mit eingestreut. Das Gras wird mit Erde, Kompost, Laub, sperrigem Material (zur Luftregulierung) und anderem organischem Abfall schichtweise aufgebaut.

Das Kohlenstoff (C)/ Stickstoff (N)- Verhältnis Kohlenstoffreiches Kompostmaterial sind Äste, Sägemehl, Heckenschnitt, Laub und dergleichen. Kohlenstoff (C) ist für den Humusaufbau mengenmäßig der wichtigste Stoff. Grüne Abfälle aus Haus und Garten, Rasenschnitt und abgemähte Gründüngung sind stickstoffreich. Stickstoff (N) wird von den Mikroben benötigt, um körpereigenes Eiweiß aufzubauen. Bei der Mischung des Kompostes ist auf ein günstiges C/N-Verhältnis (ca. 15:1) zu achten. Ist der Anteil von Kohlenstoff zu hoch, verläuft die Umsetzung im Kompost erheblich langsamer. Stickstoffarme Substanzen können mit tierischer Jauche oder stickstoffreichen Düngern (Horn-, Blut- und Knochenmehl) ergänzt werden. Bewährt hat sich der Naturdünger »Oscorna« mit 6% organisch gebundenem Stickstoff.

Bild auf Seite 29: Jüngere Pflanzen auf einem zweijährigen Hügelbeet.

Ablauf der Kompostierung

Nach 6 bis 8 Wochen ist die erste Phase der Kompostierung abgeschlossen. Die Zeitdauer ist abhängig von der Jahreszeit und der Kompostart. Tierischer Mist verrottet langsamer. Ein schneller Ablauf läßt sich in den Monaten Mai/Juni und September/Oktober beobachten. In den heißen Sommermonaten geht die Rotte nicht so schnell vonstatten, und in den kalten Wintermonaten kommt sie bei Frost und Trockenheit ganz zum Stillstand.

Die im Herbst aufgesetzten Komposthaufen können im Frühjahr bei einsetzender Wärme umgesetzt oder als unfertiges, noch nicht reifes Kompostprodukt zur Flächenkompostierung eingesetzt werden.

Unreife Kompostprodukte dürfen nicht eingegraben werden. Sie dürfen nicht in den Bereich der Pflanzenwurzeln kommen, da sie zum weiteren Abbau noch Sauerstoff benötigen.

Reifkompost	Um einen Reifkompost zu erhalten, der beim Säen und Pflanzen, im Gewächshaus und als Starter für den Kompost eingesetzt werden kann, muß der Komposthaufen in den meisten Fällen umgesetzt werden.

Umsetzen des Komposthaufens	Der Komposthaufen soll so umgesetzt werden, daß die äußere Schicht nach innen und umgekehrt die innere nach außen kommt. Er muß wiederum gut durchmischt, gelockert, geimpft und abgedeckt werden.

Zeitlicher Ablauf	Umsetzungsvorgänge im Komposthaufen sollen schnell vonstatten gehen. Bei richtigem Aufbau und entsprechender Pflege liegt nach einem Jahr – evtl. auch früher – ein Reifkompost vor. Sind noch unzerkleinerte Reste im Kompost, muß die Komposterde durchgesiebt werden. Dieses herausgesiebte Material kommt in die nächste Miete.

Reifegrad	Durch Riechen, Tasten und Sehen ist der Reifegrad des Kompostes festzustellen. Ein reifer Kompost riecht nach Walderde, hat eine leicht krümelige Struktur und ist dunkel gefärbt.

Reifkompost sollte nicht zu lange liegen, denn je mehr er vererdet und mineralisiert, um so mehr verliert er an Aktivität und Energie. Damit wird sein Düngewert geringer.

Sauerstoff	Gute Belüftung des Komposthaufens ist besonders wichtig, damit die Rottevorgänge unter Luftzutritt (aerob) vonstatten gehen können. Die Bodenlebewesen, die Sauerstoff verbrauchen und Kohlendioxid veratmen, benötigen ständigen Luftaustausch.

Zu dicht gelagertes Kompostmaterial, Staunässe und zu fest abgeschlossene Komposthaufen bewirken anaerobe Rottevorgänge, so daß die Verrottung in Fäulnis übergeht. Diese bakterielle Umwandlung der stickstoffhaltigen Substanzen – vor allem der Eiweißstoffe – führt häufig zur Bildung von Schwefelwasserstoff und Methan und ist an den blau-schwarzen speckigen Schichten, die dann im Kompost entstehen, zu erkennen. Außerdem entstehen dabei immer üble Gerüche. Solche Substanzen dürfen niemals zur Verwendung kommen, da sie der Bodenentwicklung und den Pflanzen schaden.

Temperatur

Wärmeentwicklung

Die Temperatur im Komposthaufen steht in engem Zusammenhang mit der Feuchtigkeit und Durchlüftung.
Nach Fertigstellung des Komposthaufens kann in den ersten Tagen eine Wärmeentwicklung bis zu 60 °C und höher entstehen. Nach einiger Zeit geht die Temperatur auf Normalwerte zurück, die etwas über denen der Außentemperatur liegen.

Substanzverlust

Bei einer Wärmeentwicklung über 55 °C werden die organischen Substanzen zu schnell und intensiv verbrannt und abgebaut. Der Substanzverlust ist dann groß und die Mieten fallen stark zusammen. Dies kann bei Pferde- und Schafmist, aber auch bei einem zu lockeren Aufbau (zu viel Sauerstoff) entstehen. Außerdem ist der Feuchtigkeitsgehalt zu überprüfen.

Impfen mit Hefe

Bei einer zu langsamen Erwärmung wird eine Impfung mit Reifkompost und eine Durchmischung mit eiweißreichen Stoffen erforderlich. Die Wärmeentwicklung läßt sich auch mit Hefe steuern: 300 g Zucker und 1 Würfel Hefe werden in 10 l lauwarmem Wasser gelöst und mit der Gießkanne gleichmäßig über den Komposthaufen gegossen.

Feuchtigkeit

Der Rotteverlauf im Komposthaufen ist besonders von der richtigen Feuchtigkeit abhängig. Sie liegt ungefähr bei 50 %. Die Organismen finden dann die geeigneten Lebensbedingungen vor. Bei einer höheren Feuchtigkeit fehlt der notwendige Sauerstoff und es entsteht eine anaerobe Zersetzung.

Test

Mit der Hand ist ein einfacher Test durchzuführen: Das Kompostmaterial soll die Konsistenz eines feuchten Schwammes haben.
Zu trockener Kompost, in dem 20 % Feuchtigkeit unterschritten sind, ist an einer grauen Schimmelbildung zu erkennen. Die Bodenorganismen finden hier keine Lebensvoraussetzungen mehr. Das Begießen dieser Komposthaufen bewirkt zu wenig. Es muß ein Umsetzen mit gleichzeitiger Befeuchtung und Einarbeitung von wasserhaltigen Abfällen vorgenommen werden.
Bei durchlässigem Untergrund ist die Gefahr einer schnellen Austrocknung besonders groß. Eine Unterlage aus lehmiger Erde speichert die Feuchtigkeit.

Mit einem Erd- oder Kompostthermometer wird die Wärmeentwicklung im Kompost überprüft.

Mit Bodentestern (Meßstäbchen) kann der pH-Wert des Komposthaufens gemessen werden. Eine gut verlaufende Rotte ist fast immer schwach alkalisch. Der pH-Wert liegt zwischen 7,0 und 8,0. Unter pH 7 werden die sauren und über pH 7 die alkalischen Bodenreaktionen abgelesen.

In einem zu trockenen Komposthaufen entsteht Schimmelbildung. Der Rotteablauf ist dann blockiert.

Nährstoffe

Kohlenstoff (C) — Die Fähigkeit der Pflanzen, aus Kohlenstoff, Wasserstoff und Sauerstoff Kohlenhydrate zu bilden, ist die Grundlage aller tierischen und menschlichen Ernährung. Die Pflanze nimmt Wasser und Sauerstoff durch die Wurzeln und Kohlenstoff in Form von Kohlendioxid durch die Blätter auf. Kohlendioxid ist ein gasförmiger Nährstoff, den die Pflanzen aus der Bodenluft und aus der Atmosphäre beziehen.

Kohlendioxid (CO_2)

Durch Atmungsprozesse des Bodenlebens und der Wurzeln wird Kohlendioxid freigesetzt. Die Pflanzen verbrauchen Kohlendioxid und halten somit diesen natürlichen Kreislauf aufrecht.

Bodenatmung — Die biologische Aktivität eines Bodens zeigt sich in der guten Bodenatmung, die durch Lockerung und Begrünung des Bodens sowie durch Heckenschutz und Kompostgaben unterstützt wird.

Stickstoff (N) — Ein wichtiger Eiweißbaustein für die Pflanzen ist der Stickstoff. Er wird im Boden auf zweierlei Weise gebunden: Freilebende Bodenbakterien benötigen Stickstoff zum Aufbau ihrer Körpersubstanz. Sie gewinnen ihn beim Abbau der organischen Stoffe. Nach ihrem Tode wird er für die Pflanzen verfügbar.

Stickstoffgewinnung

Die Bindung von Luftstickstoff durch Bakterien, die mit Pflanzen in Symbiose leben, ist eine weitere Stickstoffquelle. Sie wandern durch die Schleimhülle der Wurzelhaare in die Pflanze ein, die dann die Bildung eines Wurzelknöllchens veranlaßt. Stirbt die Wirtspflanze ab, zerfallen auch die Wurzelknöllchen. Der frei werdende Stickstoff wird dann von anderen Bakterien in eine pflanzenverfügbare Form gebracht.

Ihre größte Leistung erbringen die Stickstoff bindenden Bakterien in einem naturbelassenen Lebensraum, der eine neutrale Bodenreaktion und eine gute Durchlüftung aufweist. Stickstoff wird aus biologischen Kreisläufen immer wieder ergänzt. Gründüngung (Leguminosen) und Kompostgaben erhalten das ökologische System.

Mineralische Stickstoffdüngung

Durch künstliche Stickstoffdüngung wird die Knöllchenentstehung stark behindert, bzw. eingestellt, und die Tätigkeit der Mikroorganismen, Luftstickstoff zu binden, hört auf. Eine Stickstoffüberdüngung senkt den pH-Wert, fördert die Auswaschung von Kalk und Magnesium, behindert die Aufnahme anderer Nährstoffe und stört das Gleichgewicht der Bodenlebewesen. Es entstehen hohe Stickstoffverluste, die als Nitrat ins Bodenwasser sickern. Das führt zu zunehmendem Bedarf an Stickstoff, denn zur Erhaltung der Produktionsfähigkeit muß immer wieder Stickstoff nachgefüllt werden. Diese ständige Düngerdusche schädigt die Bodenstruktur und bewirkt einen Humusabbau.

Kalzium (Ca) (Kalk)

Dem Kalkgehalt des Bodens kommt eine besondere Bedeutung zu. Die Böden sind unterschiedlich nach Ausgangsgestein und Bodenart mit Kalk versorgt. Böden auf kalkigen Sedimenten haben hohe Kalkgehalte, während auf den sauren Ausgangsgesteinen die Werte niedrig sind.

pH-Wert-Kontrolle

Eine Kontrolle des pH-Wertes ist wichtig, denn auch der saure Regen beeinträchtigt schon seit vielen Jahren die Böden. Bei Lehm- und Tonböden liegen die günstigsten pH-Werte zwischen 6,5 bis 7,0 und bei Sand- und lehmigen Sandböden zwischen 5,5 und 6,0.

Düngekalk

Kalk ist ein unentbehrlicher Pflanzennährstoff. Er neutralisiert und bindet Säuren und nimmt Einfluß auf die Krümelstabilität des Bodens. Kalk fördert aber auch die Aktivität des Bodenlebens und damit den Humusaufbau. Bei zu hohen Gaben beschleunigt er allerdings den Abbau des Humusvorrates. Ein altes Sprichwort sagt: »Kalk macht reiche Väter und arme Söhne«. Kalk muß richtig dosiert werden.

Korall-Algenkalk (Algomin) Als Düngekalke sind kohlensaure Kalke verschiedener Herkunft und Zusammensetzung im Handel. Ein besonders wirkungsvoller und gut löslicher Kalk ist Korall-Algenkalk (Algomin). Wird er unmittelbar auf den Boden ausgestreut, behebt er rasch einen ungünstigen pH-Wert. Zur Gewinnung fruchtbaren Bodens wird Algomin (3 kg/cbm, das ist die Hälfte der üblichen Kalkmenge) mit in den Kompost eingearbeitet. Dadurch wird auch eine bessere und schnellere Rotte erreicht.
Korall-Algenkalk kommt von der französischen Atlantikküste. Die Rotalgen, die dort auf felsigem Untergrund aufsitzen, hinterlassen ein Kalkgerüst, das zu mächtigen Kalkbänken angewachsen ist. Sie werden getrocknet, gereinigt und staubfein vermahlen. Sie haben einen hohen Anteil an Magnesium und Spurenelementen.

Saurer Boden Übersäuerte Böden fördern die Beweglichkeit von Schwermetallen. Bewegt sich der pH-Wert im neutralen Bereich, ist diese geringer und die Pflanzen nehmen nur geringfügige Mengen der Schwermetalle auf.

Kalium (K) Kalium reguliert zusammen mit Enzymen den pflanzlichen Aufbau- und Energiestoffwechsel. Es bewirkt mit anderen, im Zellsaft gelösten Stoffen den Druck in den Pflanzenzellen (osmotischer Druck) und fördert damit die Festigkeit des Pflanzengewebes und die Standfestigkeit der Pflanzen. Kalium reguliert die Wasserverdunstung der Pflanzen und schützt vor Frostschäden.

Organische und mineralische Dünger Der Kaliumbedarf der Pflanzen ist sehr unterschiedlich, so daß sich vorübergehend ein Ungleichgewicht im Boden einstellen kann. Mit tierischen Jauchen und Holzasche kann ein Mangel ausgeglichen werden. Steht beides nicht zur Verfügung, so kann dem Kompostmaterial in ganz geringen Mengen (1 kg/cbm) Kalimagnesia »Patentkali« zugegeben werden. Größere Mengen können den Rotteablauf behindern. Bei der Zugabe von Kalium muß auf ein harmonisches Kalium-Kalzium-Magnesium-Verhältnis geachtet werden. Ein Übergewicht des einen behindert die Aufnahme des anderen.

Kaliumlager sind in prähistorischer Zeit durch Meerwasserverdunstung entstanden. Kalium kommt in Feldspat, Glimmer, Illit und anderen Mineralien vor.

Holzaschen

In nachfolgend aufgeführten Holzaschen ist der Kaliumgehalt besonders hoch: Linden-, Ulmen-, Lärchen-, Buchen-, Kiefern-, Rottannen- und Weißbuchenasche.
Der rote Mistwurm ist sehr empfindlich gegenüber Holzaschen. Es dürfen nur kleine Mengen in den Kompost gegeben werden. Besser ist, die Holzasche direkt aufs Land zu streuen.

Phosphor (P)

Phosphate sind entweder organisch gebunden oder in chemischen Verbindungen festgelegt. Sie beschleunigen den Reifeprozeß und fördern Blüten- und Fruchtbildung.
Im Wurzelbereich, wo die größten Umsatzaktivitäten stattfinden, ist die Phosphor-Nachlieferung so gering, daß der Vorrat an austauschbarem Phosphor in einigen Tagen erschöpft ist. Die Pflanzen müssen ständig neue Bodenräume durchwurzeln, um ihren Bedarf decken zu können. Damit die Wurzelhaare sich gut weiterbewegen können, bietet ein poröser, humusreicher Boden die beste Garantie für die Phosphor-Versorgung der Pflanzen.

Tierische Dünger

Tierische Dünger mit hohem Phosphatgehalt sind Geflügelmist und Knochenmehl. Geflügelmist wird mit stickstoffarmen Abfällen aufgesetzt und muß gut vererden. Knochenmehl wird unter das Kompostmaterial gemischt.

Rohphosphat

Rohphosphat kommt aus Marokko und Tunesien und wird im Untertagebau abgebaut. Dieses weicherdige Rohphosphat entstand hauptsächlich durch Ablagerungen von Fischen und wirbellosen Tieren. Das Rohphosphat wird staubfein vermahlen und kommt unter dem Namen »Hyperphosphat« oder gemischt mit Algomin in den Handel. Dieser Dünger kann bei Bedarf sparsam in das Kompostmaterial eingepudert werden.

Spurenelemente

Unentbehrlich für Wachstum und Gesundheit der Pflanzen sind die Spurenelemente. Ein Mangel an diesen Mikronährstoffen führt zu Wachstumsstörungen. In fast allen Gesteinsmehlen sind Spurenelemente enthalten.

Zugaben zum Kompost

Gesteinsmehle

Verwendung
Bei der Kompostbereitung haben Gesteinsmehle, auch Steinmehle genannt, eine große Bedeutung. Sie werden zur Förderung des Bakterienlebens, zur Einleitung biologischer Prozesse und zur Versorgung mit Mineralstoffen und Spurenelementen eingesetzt. Verwendet man Gesteinsmehle, ist die Pflanzenernährung mit Mineralstoffen und allen wichtigen Spurenelementen gesichert.

Je nach Verwendungszweck werden Gesteinsmehle nach der jeweiligen Gesteinsart ausgewählt oder untereinander gemischt. Sie werden auch als Zusatzstoffe zu anderen Mitteln benutzt.

Feinheitsgrad
Gesteinsmehle werden durch Bearbeitung der Gesteinsarten auf verschiedene Korngrößen gebracht. Je feiner die Mehle sind, desto besser und schneller wirken sie. Gröberes Material kann für eine Langzeitwirkung verwendet werden, denn gröbere Strukturen müssen erst durch Verwitterung und tierisches Bodenleben aufgeschlossen bzw. verkleinert werden.

Einkauf
Mehle, die zur Kompostbereitung benutzt werden, sollen Feinstmehle sein. Von Feinstmehlen benötigt man eine geringere Menge, so daß der erhöhte Preis, der durch die Feinstvermahlung entsteht, wieder aufgefangen wird.

Probe
Die Materialstruktur läßt sich durch Verreiben zwischen Daumen und Zeigefinger erkennen: Feinstmehle fühlen sich mehlartig weich an; Feinmehle haben eine schwach körnige, sandige Struktur. Der Feinheitsgrad ist unabhängig von der chemischen Zusammensetzung der Gesteinsmehle.

Tonmehle

Tonmehle sind Ablagerungen, die in langen Zeiträumen im Meer und in Binnenseen entstanden sind. Sie sind durch natürliche Vorgänge so fein zerrieben worden, daß eine technische Bearbeitung überflüssig ist. Diese Tonminerale sind allerfeinste Tonplättchen, die schuppenartig übereinanderliegen. Durch ihre Quellfähigkeit im Wasser kann der Schichtabstand doppelt so groß werden wie im getrockneten Zustand. Dadurch können sie ihre Oberfläche sehr weit ausdehnen und an ihren Kanten eine große Anzahl Nährstoff-Ionen anlagern. Diese werden von den Pflanzenwurzeln bei ihrer Nahrungssuche abgelöst oder ausgetauscht, um dann mit dem Saftstrom der Pflanze zu den Bedarfsstellen (Zellneubildung) zu wandern.

Quellfähigkeit

Fundorte

Tonminerale sind nach ihren Fundorten in Frankreich und Amerika unter dem Namen Montmorillonit oder Bentonit bekannt geworden.

Anwendung

Sie können in Kombination mit Kompost, Mist und Pflanzenjauchen, zur Schädlingsbekämpfung und bei Pilzerkrankungen eingesetzt werden. Das Ausbringen kann mit der Hand, einem Handfeger, einem Strumpf oder mit Luftpumpensprühgeräten (im Handel erhältlich) erfolgen. Die entstehenden Mehlwolken sollten nicht eingeatmet werden, es könnte zu gesundheitlichen Schäden an der Lunge kommen. Während des Bienenfluges darf nicht gestäubt werden, weil Sichtorgane und Atemöffnungen der Bienen geschädigt werden können.

Vorsichtsmaßnahmen

Ton- und Gesteinsmehle sowie Oscorna werden zur Verkürzung und Verbesserung der Rotte eingesetzt.

Basaltformationen

Kräuterjauchen Zur schnelleren Verrottung und zur Verbesserung der Düngewirkung des Kompostmaterials, zur Bekämpfung tierischer Schädlinge und zur Vorbeugung gegen Pilzerkrankungen können Kräuterjauchen eingesetzt werden.
Es können Jauchen aus Beinwell, Ackerschachtelhalm, Brennesseln, Kamille, Farnkraut, Wermut, Löwenzahn, Zwiebeln, Knoblauch und anderen Würz- und Heilkräutern einzeln oder als gemischte Jauchen hergestellt werden.
Jauchen werden in einem Verhältnis 1:10 angesetzt. Tägliches Umrühren fördert die Vergärung. Nach ca. einer Woche, bei warmer Witterung auch früher, kann die Brühe verwendet werden. Vor dem Ausbringen muß sie 1:10 verdünnt werden! Sie wird versprüht oder mit der Gießkanne ausgebracht.

Brennesseln Brennesseln werden vor der Blüte geschnitten und angesetzt. Bei allen Wachstumsstörungen der Pflanzen wird mehrmals mit Brennesseljauche behandelt. Nach dem Umsetzen von Setzlingen, Sträuchern und Bäumen leistet sie ebenfalls gute Dienste. Als Kaltwasserauszug (24 Stunden) wird Brennesselbrühe zur Schädlingsbekämpfung, besonders gegen Läuse, eingesetzt.

Ackerschachtelhalm Ackerschachtelhalm wird im Sommer (nicht vor August) gesammelt. 500 g Pflanzen werden mit 5 l Regenwasser eine Stunde leicht gekocht und vor der Anwendung mit 5 l Wasser verdünnt. Diese Spritzbrühe wird zur Vorbeugung gegen Pilzerkrankungen – vor allem im Herbst – auf Pflanzen und Boden versprüht.

Jauchen werden in Holz- oder Keramikbehältern (keine Metallfässer) angesetzt. Zusätze von Gesteinsmehlen binden den unangenehmen Geruch, der bei der Vergärung entsteht.

Beinwell, Ackerschachtelhalm, Kamille und Brennesseln eignen sich zur Herstellung von Jauchen oder Brühen besonders gut. Beinwelljauche ist reich an Kalium; die Blätter und die schleimhaltigen Wurzeln können verwendet werden.

Kräuterjauchen sollen möglichst mit Regenwasser angesetzt werden. Abfallrohre der Dachentwässerung werden entweder direkt angezapft, oder ...

...Ketten leiten das Wasser von der Dachrinne in den Sammelbehälter.

Verwendung des Kompostes

Das Ausbringen des Kompostes richtet sich nach der Bodenbeschaffenheit, der Jahreszeit und den Bedürfnissen der Pflanzen. Besonders zu beachten ist der jeweilige Reifegrad des Kompostes.

Komposterden sollen nicht eingegraben werden, sondern sie werden oberflächlich ausgebracht und leicht eingeharkt. Gesiebter Reifkompost kann direkt in Saatrillen oder Pflanzlöcher gegeben werden. Ist wenig Kompost vorhanden, sollte man ihn möglichst jährlich ganz dünn auf die gesamte Fläche verteilen oder wenigstens alle zwei Jahre auf die halbe Fläche ausbringen.

Nach dem Ausbringen der Komposterden im Frühjahr werden die Beete mehrmals flach bearbeitet, damit unerwünschte Unkrautsamen schnell auskeimen und die nachwachsenden Kulturen nicht stören.

Baumscheiben werden im Herbst und im späten Frühjahr mit Kompost versorgt.

Auf Blumenbeeten und -anlagen wird Mulchkompost oberflächlich ausgebreitet.

Auch Pflanzenkübel werden mit Kompost versorgt.

Erdbeerpflanzen brauchen nach der Ernte eine Kompostgabe. Keine Nachdüngung im Frühjahr!

**Flächen-
kompostierung**

Bei der Flächenkompostierung, auch Mulchen genannt, findet die Verrottung von organischer Substanz an Ort und Stelle auf der Bodendecke statt. Dem Bodenleben wird dadurch eine ständige Nährdecke zur Verfügung gestellt, so daß der Humusaufbau stark gefördert wird. Die Bodendecke ist gegen Verschlammungen und Verkrustungen sowie gegen Austrocknung geschützt. Der Unkrautwuchs wird unterdrückt. Es entsteht weniger Hack- und Pflegearbeit.

Mulchmaterial

Pflanzliche Abfälle wie Rasenschnitt, Heil- und Wildkräuter (vor der Samenentwicklung), Ernterückstände, Laub und Stroh (vorwiegend bei Dauerkulturen) können zur Bodenbedeckung verwendet werden. Das Mulchmaterial wird in einer höchstens zwei Zentimeter dicken Schicht über die Fläche verteilt. Es darf keine Oberflächenverdichtung durch zu kompaktes Mulchen entstehen. Lieber weniger, aber dafür öfter Mulchmaterial ausbringen.

Kurz vor und nach der Saat soll keine frische Deckschicht aufgebracht werden, weil Samen darauf empfindlich reagieren. Auf keinen Fall darf das Material untergegraben werden, da zur Verrottung ausreichend Sauerstoff benötigt wird.

Rohkompost

Ein besonders wertvolles Mulchmaterial ist Rohkompost, der nach der ersten Verrottungsphase ausgebracht wird. Damit er nicht zu schnell austrocknet, kann darüber noch eine Schicht organisches Mulchmaterial oder Gesteinsmehl gestreut werden. Diese Art des Mulchens ist besonders für den Herbst gedacht, nachdem die Beete abgeerntet und leicht aufgelockert worden sind.

Der im Herbst ausgebrachte Rohkompost kann über Winter nachrotten.

Fruchtwechsel und Gründüngung

Fruchtwechsel

Pflanzen entnehmen dem Boden ganz unterschiedliche Nährstoffe. Sie sind eingeteilt in Stark-, Mittelstark- und Schwachzehrer. Sie sollen möglichst nacheinander angebaut werden, wobei sich grob eine dreijährige Fruchtfolge ergibt. Das setzt voraus, daß Beete, Kulturen und Jahreszahlen notiert und aufgezeichnet werden.

Fruchtfolge

Neben der Fruchtfolge müssen die Haupt-, Vor-, Zwischen- und Nachkulturen sowie die Entwicklungszeit der Kulturen bedacht werden.

Mischkultur

Fruchtwechsel läßt sich auch als Mischkultur durchführen. Hier gibt es viele Pflanzenarten, die sich gegenseitig fördern, aber auch solche, die sich hemmen.

Fruchtwechsel und Mischkulturen gründen auf der Beobachtung, daß Pflanzen unterschiedliche Ansprüche an Raum und Zeit stellen. Experimente ergaben: Mischkulturen bringen in jedem Fall mehr Erträge.

Gründüngung Zur Bodenpflege gehört auch die Gründüngung. Auf abgeräumten Beeten, die nicht mehr für eine Nachkultur benötigt werden, oder zur Vorkultur können Gründüngungspflanzen zur Bodenverbesserung eingesät werden. Sie bewirken eine erhebliche Humusanreicherung, schützen den Boden vor Verdunstung und Austrocknung und unterdrücken den Unkrautwuchs. Die Pflanzen werden entweder zum Mulchen oder Kompostieren verwendet, oder sie bleiben über Winter stehen.

Leguminosen Besonders wertvolle Gründüngungspflanzen sind stickstoffsammelnde Leguminosen. Hierzu gehören Klee, Wikken, Erbsen, Bohnen und Lupinen. Diese tiefwurzelnden Pflanzen durchdringen mit ihrem Wurzelwerk den Boden und gehen mit bestimmten Bakterien eine Symbiose ein. Durch ihre Knöllchenbakterien lassen sie Stickstoff im Boden zurück.

Leguminosen sollten nicht zu früh reif werden. Frieren sie im verwelkten Zustand ab, so verlieren sie ihre stickstoffvermittelnde Eigenschaft.

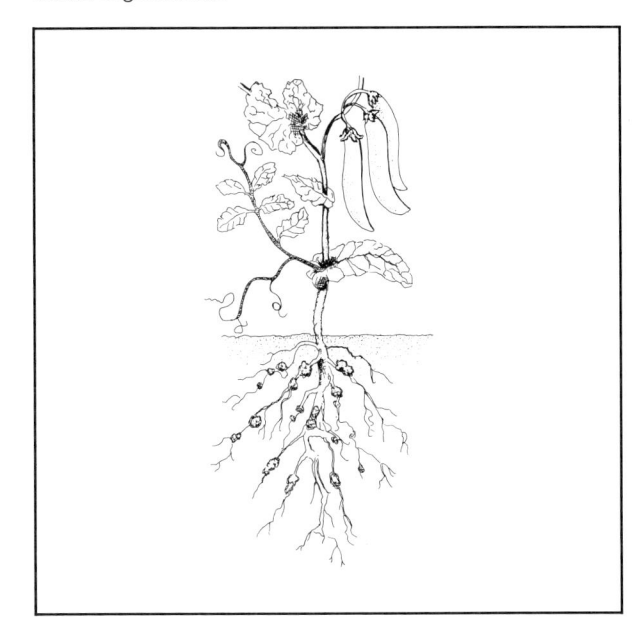

Leguminosen sind Hülsenfrüchtler, die als Luftstickstoffsammler für Garten und Landwirtschaft eine große Bedeutung haben.

Gründüngungspflanzen werden abgemäht und zum Mulchen verwendet. Die Wurzeln können im Boden bleiben.

Im Handel wird Samen zur Gründüngung für alle Bodenarten angeboten: Lupinen, Inkarnatklee, Bienenfreund, (Phazelia), Ackerbohnen und Senf einzeln oder als Mischung, z. B. das Rotenburger Kombi-Gemenge.

Gelbsenf ist schnellwachsend und als Vor-, Nach- und Zwischenfrucht geeignet. Senf nicht zur Blüte kommen lassen. Kohl und Senf sind Kreuzblütler, sie entziehen dem Boden die gleichen Nährstoffe.

Die Ranken der Kürbispflanzen sind gute Bodendecker; sie halten den Boden unkrautfrei. Eine Pflanze benötigt 2–3 m².
Als Schutz vor Nässe legt man zwischen Frucht und Erde ein Brett.
Klingen die Früchte beim Beklopfen hohl, so sind sie reif und können geerntet werden. Kürbisfrüchte müssen kühl und luftig gelagert werden. Bewährt hat sich das Aufhängen in Netzen.

Will man dergleichen Früchte haben, verwöhnt man sie mit Kompostgaben und kann sich dann beim Mittagsmahle nach Herzenslust an ihnen laben.

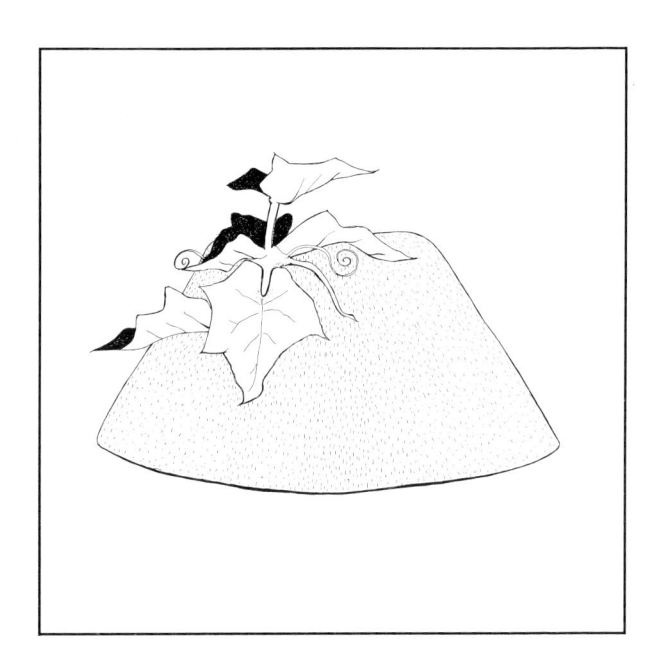

Kürbis- und andere Pflanzen gehören nicht auf den Komposthaufen.

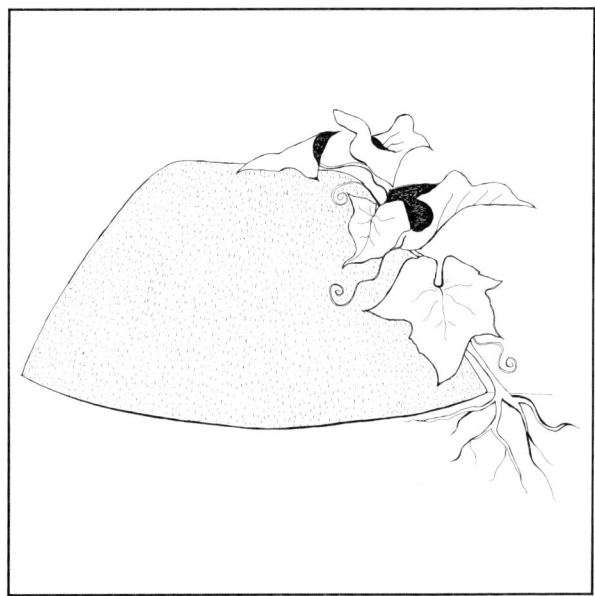

Sie können an den Rand des Komposthaufens gepflanzt und nach oben geleitet werden. So beschatten sie die Miete und entziehen ihr keine Nährstoffe.

Von der Planung bis zum Ausbringen

Eine kurze Zusammenfassung

Für gute und praktische Arbeitsgeräte sorgen.

Den Kompostplatz gründlich planen.

Sträucher oder Hecken um den Kompostplatz anpflanzen.

Komposthaufen schattig oder halbschattig anlegen.

Alle organischen Abfälle täglich sammeln.

Auf Zusammensetzung und Feuchtigkeitsgehalt des Kompostmaterials achten.

Samentragende Pflanzen gehören in die Mitte des Komposthaufens.

Die unterste Schicht des Komposthaufens besonders lokker aufbauen (Dränagewirkung).

Vorräte von Gesteinsmehlen, Oscorna usw. anlegen.

Alle Nährstoffe (Düngemittel) werden mit kompostiert.

Komposthaufen nicht zu fest und nicht zu locker aufbauen.

Den Komposthaufen luftdurchlässig abdecken.

Komposthaufen impfen.

Wärmeentwicklung überprüfen.

Feuchtigkeitsgehalt kontrollieren.

Komposthaufen unkrautfrei halten.

Komposthaufen nicht bepflanzen.

Kompost im Herbst oder spätestens im frühen Frühjahr ausbringen.

Rohkompost zur Flächenkompostierung benutzen.

Reifkompost direkt in Saatrillen und Pflanzlöcher geben.

Kompost nicht eingraben.

Reifkompost nicht zu lange liegenlassen.

Kompost nicht restlos aufbrauchen (Impfmaterial).

Rohkompost nicht unmittelbar vor und nach dem Säen ausbringen.

Immer für eine Bodenbedeckung sorgen.

Beerenobst nach der Ernte mit Kompost düngen.

Mulchmaterial im Frühjahr abrechen und kompostieren.

Erst nach dem Auflaufen der Saat die Bodenbedeckung ausbringen.

Gründüngung und Fruchtfolge beachten.

Und mit Freude an die Arbeit gehen.

Wird die Miete nicht an einem Tag aufgesetzt, muß der fertige Abschnitt abgedeckt werden.

Bild auf Seite 53: Alle Kohlarten, auch der Wirsing, sollten nur alle drei bis vier Jahre auf dem gleichen Beet stehen.

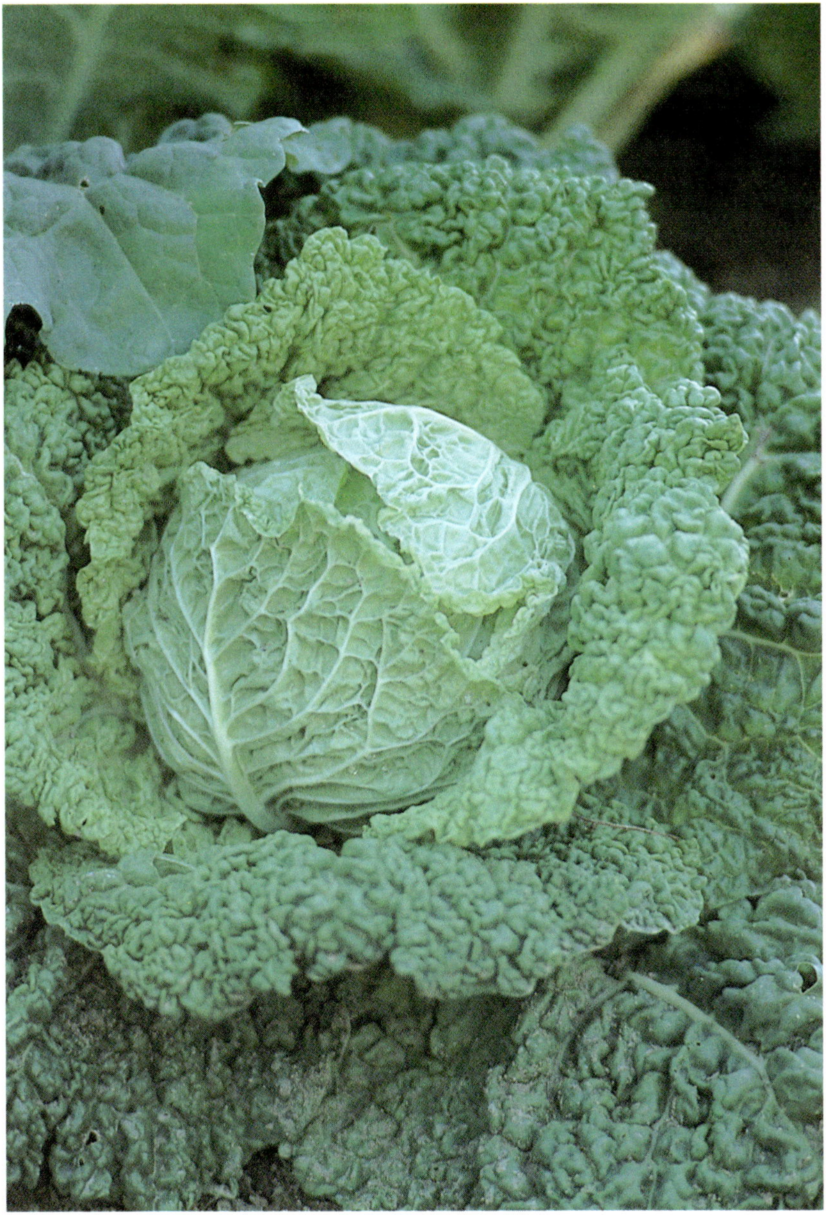

Hügelbeet

Der Hauptvorzug des Hügelbeetes ist die vergrößerte Anbaufläche und die Möglichkeit der frühen Bestellung. Rottevorgänge sorgen für die notwendige Bodenwärme, die im ersten Jahr am größten ist. Sie sollte durch frühe Aussaaten genutzt werden. Durch das stärkere Eindringen von Licht, Luft und Wärme über dem Erdniveau wird eine Belebung des Erdhügels erreicht.

Höhere Erträge, Wegfall der Bodenbearbeitung und der Staunässebildung sind weitere Vorteile des Hügelbeetes.

Die im Herbst angelegten Hügelbeete bleiben bis zum Frühjahr liegen. Ein Hügelbeet kann fünf Jahre genutzt werden, dann ist es bis auf eine 20 cm dicke Humusschicht zusammengefallen, die dann vielseitig verwendbar ist.

Eine 1,40 m bis 1,60 m breite Mulde wird spatentief ausgehoben. Der an der Seite aufgesetzte Mutterboden wird später zum Abdekken des Beetes verwendet. Die Richtung des Hügels sollte wegen der besseren Sonnenbestrahlung Nord-Süd sein.

Langsam verrottende grobe Abfälle wie Holz, Äste und Strünke, kommen zuerst in die Mulde. Mit diesen Abfällen wird ein kleiner Hügel – etwa 40 cm hoch – aufgebaut. Links und rechts vom Hügel muß für die weiteren Aufbauten Platz bleiben.

Den Grobabfällen folgen Grassoden, die umgekehrt aufgelegt werden. Es können auch Grasschnitt, Stroh, Brennnesseln und Gartenabfälle, die mit Erde oder Gesteinsmehl gemischt werden, verwendet werden. Diese Lage kann 10 cm bis 15 cm hoch sein.

Die ersten Schichten müssen sorgfältig und fest aufgebaut werden, damit keine Hohlräume entstehen.

Als nächste Lage – 20 cm – folgt eine gemischte Laubschicht oder Laub mit Gartenabfällen gemischt. Die Blätter müssen feucht sein.

Der fertig aufgeschichtete Blätterhügel …

… kann mit einer dünnen Schicht Erde abgedeckt werden.

Bild auf Seite 57: Tomaten, blühende Topinambur (Süßkartoffel), Gemüse und Kräuter auf dem Hügelbeet.

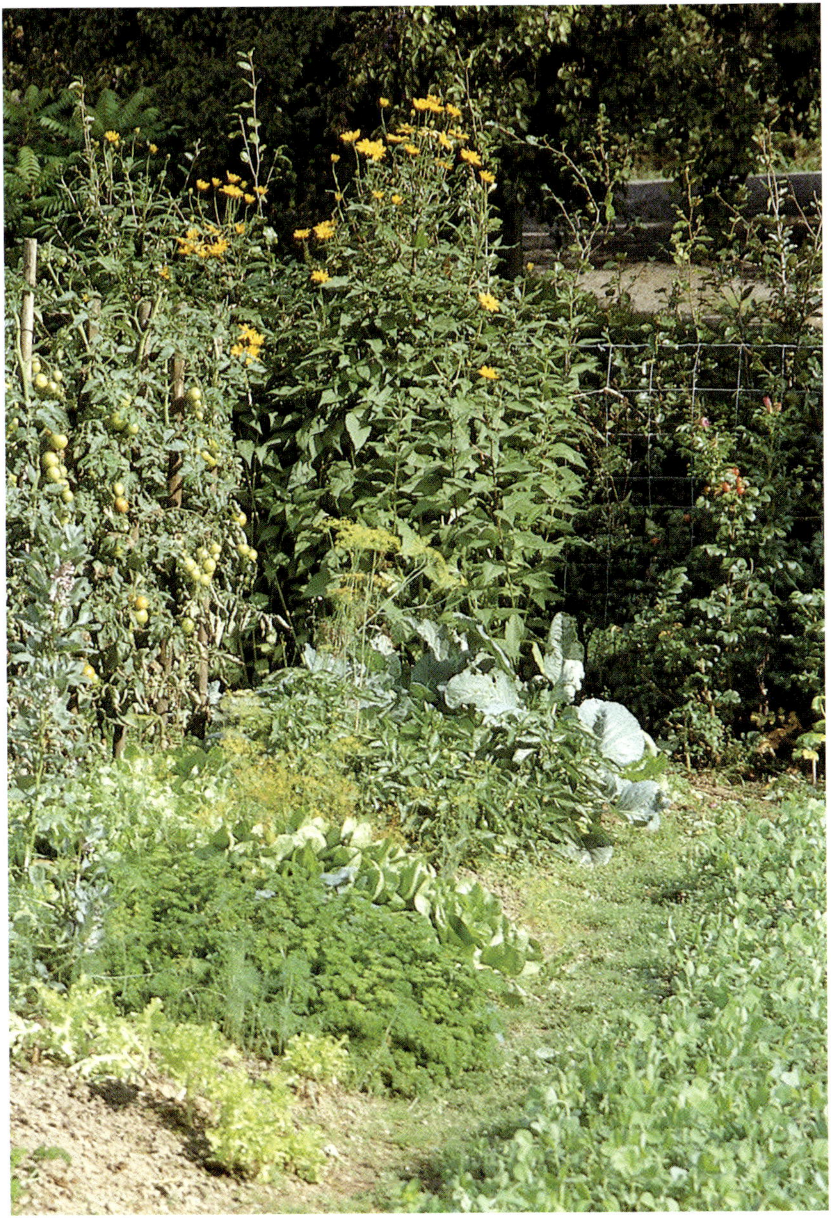

Die nächste Lage besteht aus Rohkompost. Steht dieser nicht zur Verfügung, müssen Horn- und Knochenmehl zugesetzt werden. Die Schicht kann 10 cm dick sein.

Jetzt kann wieder mit einer dünnen Schicht Erde abgedeckt werden.

Hierauf kommt eine dünne Lage Torf, der gut angefeuchtet sein muß.

Die seitlich aufgesetzte Erde wird mit Reifkompost gemischt und als letzte Schicht – 10 cm bis 20 cm – aufgebaut. Der Hügel kann bis zu einem Meter hoch werden. Hügelbeete trocknen schnell aus; eine Rinne auf dem Beet erleichtert das Wässern.

Vor- und Nachteile des Hügelbeetes

In kleinen Gärten, in denen eine Kompostierung der Abfälle nicht möglich ist, kann das Hügelbeet diese Funktion übernehmen.

Die beiden ersten Lagen des Hügelbeetes werden vorbereitet. Danach können alle organischen Abfälle aus Haus und Garten als nächste Schicht locker aufgesetzt werden. Anschließend wird das Hügelbeet weiter aufgebaut. Nach und nach können weitere Hügelbeete angelegt werden, so daß die organischen Abfälle immer verwertet werden.

Der Weg, über das Hügelbeet zu einem humusreichen Boden zu kommen, ist für neu angelegte Gärten besonders sinnvoll.

Im ersten Jahr der Anpflanzung kann es auf dem Hügelbeet durch einen zu hohen Anteil an leicht verrottbarer organischer Substanz zu einer Stickstoffanhäufung und damit zu einem höheren Nitratgehalt kommen.

In dieser Zeit sollte das Beet nicht mit stickstoffempfindlichen Pflanzen wie Spinat, Salat und Kohl bepflanzt werden. Überschüssiges Nitrat wird vorwiegend im Blatt und Stengel gespeichert. Stickstoffzehrer wie Gurken, Kürbisse und Zucchinis sind ideale Pflanzen für das erste Jahr.

In geringer Konzentration ist Nitrat in der Nahrung oder im Trinkwasser ungefährlich. Als Grenze für die Verträglichkeit beim Menschen werden 5 mg/kg Körpergewicht und Tag angegeben.

Die Hügelkultur, d. h. das Verfahren der Pflanzenzucht auf rundlichen Beeten, ist sehr alt und geht auf lange Erfahrungen zurück. In China wird die Hügelkultur seit Jahrhunderten angewandt.

Diese Hügel, die zum Experimentieren geeignet sind, vollbringen wahre Wunder. Üppiges Gemüse, kräftige Salate und wohlschmeckende Früchte sind das Ergebnis eines arbeitsaufwendigen Aufbaues.

Bild auf Seite 61:
Freistehende
Rosenhecke

Die Bepflanzung des Hügels kann nach den Regeln der Mischkultur vorgenommen werden. Auf dem Rücken des Hügels werden höheren Gewächse und an den Seiten die anderen Kulturen angebaut.

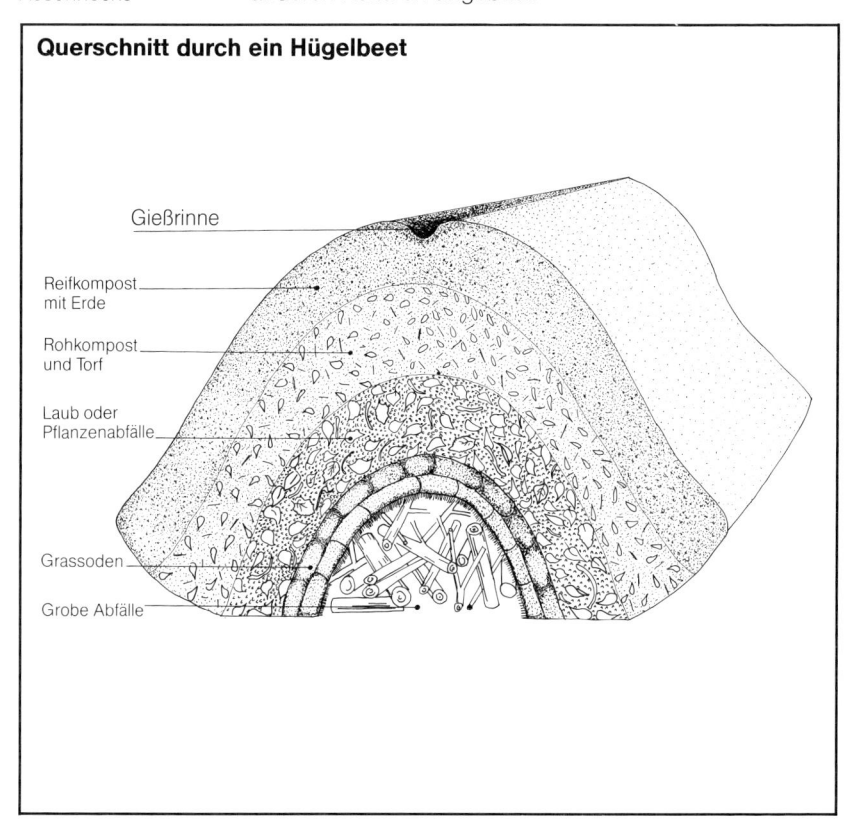

Querschnitt durch ein Hügelbeet

Gießrinne

Reifkompost mit Erde

Rohkompost und Torf

Laub oder Pflanzenabfälle

Grassoden

Grobe Abfälle

In der Reihe
»Rudolf Müller Fachtips«
sind bisher erschienen:

Auf Seide malen

**Spinnen von
Wolle und Flachs**

Färben von Textilien

**Weben am
Flachwebstuhl**

**Blumen binden
und arrangieren**

Glas einfassen in Blei

**Töpfern –
frei aufbauen**

Ton glasieren

**Buchbinden –
Schritt für Schritt**

Brot selber backen

Schuhe reparieren

Wohnmobil planen

Wände fliesen

Boden fliesen

**Foto-Vergrößern von
Schwarz-Weiß-Negativ**

Teppichboden legen

Holz-Stühle reparieren

**Holz- schnitzen
und schneiden**

**Holz –
Handwerkzeuge**

Rudolf Müller
SACHBÜCHER

»Fachwissen für Heimwerker«

Europas meistgekaufte Sachbuchreihe für Selbermacher!

Über 100 Bände aus nahezu allen Bereichen des Do-it-yourself.

Fordern Sie den kostenlosen Gesamtprospekt an.

Rudolf Müller

Buch- und Zeitschriftenverlag
Postfach 4109 49 · 5000 Köln 41

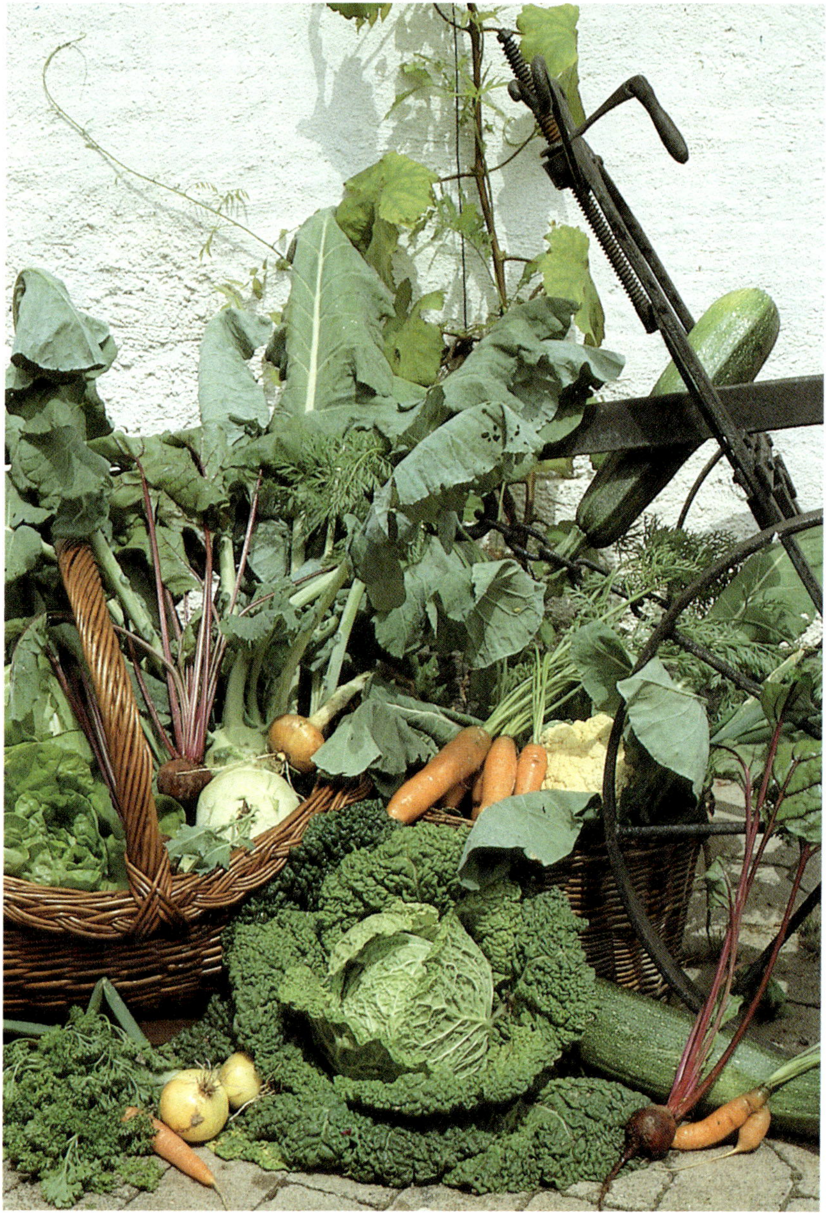